Lettre à mes Soldats

Novembre-Décembre 1918

Chaque mois depuis près de trois ans j'adresse à mes Amis, à mes Soldats de mon pays ou à ceux qui sont venus passer des mois à Thuit-Anger en convalescence, une lettre dans laquelle je m'efforçais de les tenir au courant de ce qui se passait à l'arrière pendant qu'ils défendaient si courageusement la France ; je regrette celles qui ne sont pas arrivées et surtout aussi tous les paquets envoyés aux Prisonniers, que volaient les Boches infâmes.

Aujourd'hui nos cœurs débordent de joie ; nous avons triomphé des barbares qui voulaient asservir le monde, la guerre est finie et bientôt tous nos parents et amis reviendront dans leurs foyers.

Il n'est pas étonnant que j'aie plus de choses à dire, que ma lettre soit plus longue que de coutume, aussi je la fais imprimer.

Que ceux qui la recevront la conservent non pas, peut-être, pour ce qu'il y a dedans, mais en souvenir de celui qui les a suivis par le cœur, depuis le premier jour de leur départ, pendant les longs mois de luttes et de souffrances, comme aujourd'hui dans les jours d'allégresse du Triomphe.

L. DELAMARRE.

LETTRE A MES SOLDATS

Paris. Novembre-Décembre 1915

Mes chers Amis,

Le soir j'entends ma petite fille Jacqueline, dans son lit blanc, murmurer tout bas, comme une prière : « Mon Dieu, faites que nos petits soldats rentrent bientôt dans leurs petites maisons ! »

Je crois que son souhait sera bientôt réalisé : dans tous les cas nous pouvons vivre sans avoir l'horrible cauchemar qu'au moment même où nous écrivons, où nous nous occupons de nos affaires ou des soldats, des milliers de victimes souffrent et tombent sous les coups d'engins meurtriers tels que l'imagination humaine n'a pu en concevoir.....

Jamais je n'oublierais le soir du 1ᵉʳ Aout, quand j'entendis, à 9 heures du soir, au loin le pas des chevaux des gendarmes et, quelques instants après, dans la Mairie, le brigadier me disant « Monsieur le Maire, voici l'ordre de mobilisation qui doit être affiché de suite et faites sonner le tocsin ». Je donnai des instructions pour que tout fut exécuté.

Je rentrai chez moi ; l'air était tout parfumé, en ce beau soir d'été, par l'odeur des héliotropes et des roses. J'écoutai... tous les appels que lançaient nos clochers pour convoquer nos soldats à défendre la Patrie et mes yeux se remplirent de larmes.

Je pleurai, je n'ai aucune honte de l'avouer, car je connaissais notre manque de préparation, la guerre criminelle faite à notre armée depuis l'affaire Dreyfus, les ministres qui s'étaient acharnés à détruire notre puissance militaire et navale et les fausses théories pacifistes qui avaient créé un courant *antimilitariste* secondé par l'or allemand.

Je savais le sang que nous causeraient toutes ces fautes.....

Je me souviendrais toujours aussi du 11 Novembre 1918, quand arrivèrent de la ville voisine le son des cloches mêlé au bruit des sirènes annonçant la Victoire. Je fis mettre immédiatement en branle celles de notre église : n'ayant pas de pièce d'artillerie du haut de mon perron, je tirai des coups de fusil pour que la bonne nouvelle fut connue de tous : après j'allai chercher tout ce que j'avais de drapeaux pour en orner la Mairie et toutes les fenêtres du château ; je fis disposer des lampions et des lanternes multicolores pour que le soir une illumination dise que nos cœurs étaient en fête.

Je partais pour Paris où je passai deux jours inoubliables.

En quelques minutes, le matin du 11 Novembre, des millions de drapeaux étaient sortis des fenêtres et une foule en délire formant des cortèges, suivant des drapeaux de toutes les nations traînant des canons enlevés place de la Concorde, parcouraient en chantant les rues et les boulevards. Comme on signalait la promenade de ces canons à Clémenceau : « Allez, répondit-il, laissez-les faire, j'en ai encore d'autres dans mes magasins. »

Puisque je vous parle du Tigre, je vous citerai un joli mouvement de reconnaissance de sa part. Clémenceau subit il y a quelques années, à la maison de santé de la rue Bizet, une terrible opération et fut soigné par une bonne sœur. Le jour de la Victoire, il lui apporta une gerbe de fleurs en lui disant : « Ma sœur, vous êtes Alsacienne, le jour où vous rentrerez dans votre pays, je veux que ce soit à mon bras. » Est-ce assez Français ?

Nos sentiments de gratitude doivent aussi aller à cette brave religieuse, que je ne connais pas, car si elle n'avait pas entouré son malade de soins aussi intelligents, aussi dévoués, aurions-nous triomphé des Allemands ? souvenons-nous de ce que nous étions il y a un an !

Je vous promets que les petites Parisiennes ont fêté les soldats de tous les pays : elles étaient accrochées à leurs bras, et ma foi je ne voudrais pas être chargé de compter les millions de baisers qui ont été donnés ou reçus en ces journées.

Pour vous donner une idée exacte de mes pensées depuis ce 11 Novembre, pour vous raconter ce que j'ai fait et juger les événements si graves du moment, je vais me servir de trois allocutions.

Voici, la première à la Mairie prononcée à la session du Conseil municipal de Novembre, que je ne pouvais laisser passer, sans mettre dans notre procès-verbal un souvenir de notre immortelle victoire.

ALLOCUTION

prononcée par M. L. DELAMARRE, Maire

à la Séance du 17 Novembre 1918, du Conseil Municipal

de Thuit-Anger°.

———————— ❀ ————————

Messieurs et chers Collègues,

Notre cloche, en août 1914, avait sonné le lugubre tocsin de la mobilisation, elle vient de faire entendre son joyeux carillon pour célébrer la Victoire de nos armes, et aujourd'hui dans toute la France retentissent des Te Deum d'actions de grâces.

Nous venons de traverser des années pendant lesquelles nous avons éprouvé des sentiments d'émotion, d'angoisse et d'horreur : aujourd'hui nos cœurs sont inondés de joie en voyant la Patrie sauvée.

Bientôt dans toutes les Mairies de France sera inscrit pour y demeurer d'une façon permanente :

« Les armées et leurs chefs ;

« Le gouvernement de la République;

« Le citoyen Georges Clémenceau, président du Conseil, ministre de la guerre ;

« Le maréchal Foch, généralissime des armées alliées, *ont bien mérité de la Patrie* ».

Ce sont bien là les artisans de notre grande et belle victoire et une reconnaissance sans bornes s'en va *aux Poilus*, ces magnifiques soldats admirés du monde entier pour leur courage, leur endurance et leur entrain : tous ont retrouvé pour repousser l'envahisseur, les nobles qualités de notre race.

A Clémenceau, le bon patriote, ayant en une année retourné la face des événements : il a poursuivi les traîtres, choisi les chefs.

parmi les plus dignes, rendu la confiance à tous. Il a voulu, selon son expression « gagner la guerre » et l'ennemi est vaincu. Je vous proposerai tout à l'heure de voter une adresse de félicitations à ce « grand citoyen ».

Au maréchal Foch, ce soldat dont le génie puissant a su faire manœuvrer ses armées dont le front s'étendait de la mer Noire à la mer de la Manche : son nom restera inscrit parmi ceux des plus illustres généraux de l'histoire du monde.

C'est à nos soldats et à leurs chefs que nous devons la Victoire et aussi à nos généreux Alliés qui pour nous aider et nous sauver ont su faire sortir des légions de terre : car ne l'oublions pas, avant nos premiers revers, avant que l'Allemagne ait révolté l'univers par sa barbarie, ni l'Angleterre, ni l'Amérique n'avaient d'armées. Ils ont été à la peine, qu'ils soient avec nous à l'honneur.

Dans ces jours de joie patriotique, un phénomène étrange se produit dans nos pensées et dans nos cœurs : les véritables vainqueurs nous paraissent être ceux qui ont donné leur vie sur les champs de bataille et notre admiration grandit pour eux avec notre gratitude.

Le Colonel d'Orival, beau-frère de mon gendre, frappé mortellement, écrivait aux siens :

« Ne pleurez pas, c'est pour la France ! »

Moi qui suis humain avant d'être guerrier, je comprends les pleurs des parents et je partage leur juste douleur, mais aujourd'hui je leur dis : « Amis, de la Victoire vous vient une suprême consolation, car la vie de votre époux, de votre enfant a servi à sauver non seulement la [France, mais toutes les nations du plus grand danger qui les ait menacées. »

Pour perpétuer éternellement le souvenir des glorieux soldats de Thuit-Anger morts pour la Patrie, je proposerai au Conseil Municipal d'élever dans notre cimetière un monument en leur honneur. Il faut que leur nom soit gravé sur la pierre comme il l'est dans nos cœurs et j'espère qu'une souscription publique où tous voudront apporter leur offrande, grande ou petite, sera un témoignage de notre amour et de nos regrets.

Clémenceau, dans son beau discours de jeudi à la Chambre des Députés a fait appel à « l'union sacrée ! » je répète ce cri après lui, pour que nous voyions la fin de nos luttes politiques et sociales qui contribuèrent pour beaucoup à rendre cette guerre longue et cruelle, par le manque de préparation et d'entente.

J'ajoute qu'il faut que nous ayions aussi la « haine sacrée », dont nos enfants devront hériter pour punir ce peuple barbare de tous ses crimes commis contre la nature et le droit des gens.

Ce sont les vœux que je forme pour mon pays en ces jours de triomphe.

En terminant je vous propose de voter l'adresse suivante :

« Le Conseil municipal de Thuit-Anger réuni dans sa ses-
« sion de Novembre, adresse à Monsieur Georges Clémenceau,
« Ministre de la guerre, l'expression de son admiration et de sa
« reconnaissance, à l'occasion de l'anniversaire de sa nomination
« à la Présidence du Conseil. Grâce à son admirable énergie dans
« la poursuite des traîtres, comme dans le choix des plus dignes
« pour commander les armées de la France et de la République,
« il est l'auteur de la Victoire et mérite le nom de *Sauveur de la*
« *Patrie.* »

Cette adresse a été votée par acclamations.

Comme ces lettres s'adressent aux soldats de mon pays, ou à ceux qui blessés de la guerre, ont été reçus sous mon toit, je n'hésite pas à joindre ce que j'ai dit à la petite cérémonie intime qui a suivi la réunion du Conseil, dans laquelle j'avais à décerner une médaille d'honneur du travail.

Chaque année la *Société d'Encouragement au Bien* distribue en séance solennelle à Paris, des prix et récompenses et une foule nombreuse se presse au Cirque d'hiver pour entendre la lecture du palmarès où, des vies laborieuses et dévouées comme celles d'Henri Lallier sont racontées.

C'est pour moi une véritable joie de vous faire lire ce que j'ai dit sur cet homme, d'autant plus que tous vous le connaissez ; vous y trouverez des souvenirs qui nous reportent à des années d'une vie qui ne reviendra jamais : la guerre aura brisé bien des choses !

ALLOCUTION

prononcée le 17 Novembre, pour la remise de
" la Médaille d'Honneur du Travail "
à M. Henri LALLIER

Mon cher Henri,

Mesdames, Messieurs,

Jusqu'à présent je n'avais eu que l'occasion de témoigner ma publique gratitude à ceux qui étaient longtemps restés chez moi que quand ils n'étaient plus !

Aujourd'hui il m'est particulièrement agréable de m'adresser à un vivant — et bien portant vous pouvez tous le constater — pour dire ce que fut cet homme pendant 34 années.

C'est en effet en 1884 qu'Henri Lallier entra à notre service, à cette époque où l'auto n'existait pas, heureux temps ! on disait, comme premier cocher.

Il y avait à Paris des cochers connus pour leur correction, faisant autorité en ces matières, je puis citer ceux de Madame Baroche, du Comte de Jarnac, du Comte de Broc, de M. Thome, de M. de la Parelle, du Comte du Douet, de M. de Neuflize, de M. Davilliers, etc, etc. Henri compta bientôt parmi ceux-ci qui étaient ses amis ; je dis Henri car c'était par leur prénom qu'ils étaient toujours nommés.

Il n'y avait pas de voiture dont le vernis fut plus soigné, des harnais mieux cirés, de nickel plus étincelant, de chevaux mieux pansés. que ceux d'Henry.

Quand il sortait avec sa victoria ou son coupé à deux chevaux, portant le bouquet jaune et bleu aux oreilles, lui irréprochable dans sa livrée bleue et son chapeau à huit reflets, l'ensemble était d'une correction parfaite.

On a souvent dit — et c'est la vérité — " L'homme véritablement élégant est celui qu'on ne remarque pas ". Il en étai de même des équipages; il fallait avoir la note juste d'élégance, sans la dépasser jamais; tout ce qui était voyant, clinquant, devait être sévèrement prohibé : c'était, je crois notre cas.

Le cheval est la plus noble conquête de l'homme dans la nature, il n'est pas étonnant qu'il l'aime; si chez le Cosaque, chez l'Arabe la monture est considérée comme le premier des biens, pour nous civilisés, c'était un compagnon de plaisirs sains et honnêtes, une occupation, une distraction, que ne comprendront jamais les conducteurs d'autos.

Je suis de la génération qui aimait les chevaux et non ces horribles wagons sur route, pratiques, mais sans aucun intérêt. Henry en était aussi; cependant par la force des choses, il est devenu chauffeur, non sans regret, au moment de la guerre.

Ce fut une journée très pénible, combien ont éprouvé ce sentiment, quand nous vîmes partir nos pauvres chevaux que nous savions ne pas pouvoir résister 15 jours à l'armée, rester devant des écuries vides et plus tard disperser voitures et harnais.

Cette séparation, ce changement seraient venus un jour, tel le voulait la marche du progrès, mais à ce moment, nous étions déjà si impressionnés par les évènements, par les départs de tous ceux que nous aimions, que ce bouleversement dans nos habitudes venait encore ajouter aux tristesses de ce début de guerre.

Vous aimiez votre métier Henry, l'auriez-vous aussi bien exercé s'il en eut été autrement; je puis le dire franchement et à votre louange aujourd'hui, ou je regarde dans leur ensemble ces 34 années, jamais vous n'avez reçu une observation de ma part, car vous ne la méritiez pas.

Je suis un grand ami de la paix, de l'union et de l'indulgence, aussi c'est autour de moi que je dois d'abord appliquer mes principes, je remarque ce qui est bien, parais fermer les yeux sur ce qui ne l'est pas, bien que je voie parfaitement ce qui se passe, espérant un changement, une amélioration, jusqu'au jour ou la mesure de ma patience étant trop pleine, je suis obligé d'agir, alors je ne reviens pas sur ma décision.

Soigneux : j'ai dit combien vos écuries, vos voitures votre sellerie étaient bien tenues. *Ordonné,* rien ne trainait, tous les objets qu'on vous confiait duraient des années, car ils étaient gardés avec soin. *Exact :* aviez-vous reçu l'ordre d'amener la voiture à telle heure ?... Quand l'horloge sonnait on entendait sur le pavé de la remise le piétinement des chevaux qui partaient. *Complaisant :* vous étiez toujours à la disposition de chacun pour rendre service, faire les commissions, et mettre tout votre soin à remplir les missions dont vous étiez chargé, même en dehors de vos attributions.

Ces qualités venaient d'une nature consciencieuse, réfléchie, pondérée et d'un jugement très sûr, ne se laissant égarer par aucun raisonnement autre que celui basé sur la justice et le bon sens que ce soit en politique ou dans les questions sociales.

Lafontaine a écrit ces vers :

" Notre ennemi, c'est notre Maître "

" Je vous le dis en bon français "

voulant nous apprendre ce que nous savons trop bien, qu'en général on n'aime pas ce qui est au-dessus de soi... qui commande. J'ai été pour vous aussi peu « maître » que possible, dans le sens que je n'avais qu'à vous laisser remplir vos fonctions dont vous vous acquittiez fort bien, et je crois ne pas avoir été trop traité en « ennemi » de votre part, car je suis persuadé que vous n'avez pas souvent dit du mal de moi, malgré ce qu'a écrit le Poète.

Vous avez participé à notre vie intime de famille depuis ce presque demi-siècle, de jour et de nuit.

Je vous vois à la Ferté-Vidame menant à quatre le breæk de chasseurs, ou conduisant à un rendez-vous de chasses à courre les chevaux de selle : il y en avait souvent 15, 20 dans les écuries car les amis venaient nombreux se joindre à nous ; puis ce furent les chasses en forêt de Dreux, au Château de Chandai, aux Bois francs, ou pendant les durs hivers de 1888 1889, vous étiez, en revenant le soir souvent sur votre siège, changé en bonhomme de Neige ; au château de St Cyr, le mouvement de voitures était grand, et Madame Delamarre et moi montions à cheval ; vous nous suiviez à Deauville pour la saison des courses, les dernières années avec une paire de chevaux gris.

Pierre Goude, un fin cocher avant de devenir un excellent mécanicien-chauffeur, vous aida pendant près de 19 ans. Vous avez été le témoin journalier de ces heureuses années de jeunesse ; je me livre volontiers à votre jugement et vous pourrez dire que j'ai toujours cherché à faire le plus de plaisir possible aux autres et à éviter à tous ennuis et peines.

Henri Lallier sut se créer un intérieur en rapport avec ses goûts simples et tranquilles ; en 1883, il épousait une femme très digne, également sérieuse, avec laquelle il vécut en parfaite union : leurs deux filles ont hérité des qualités des parents qu'elles ne quittent pas, tout en ayant une vie laborieuse et des occupations suivies ; les grandes maisons qui les emploient se louent toujours de leur travail... ; je regrette beaucoup que votre famille ne soit pas aujourd'hui à Thuit-Anger, dont vous êtes un vieil habitant, pour assister à cette réunion où vous allez recevoir une juste récompense.

Après ce que je viens de dire, il est bien naturel que ce soit avec joie que j'épinglerai sur votre poitrine

LA MÉDAILLE D'HONNEUR DU TRAVAIL

Nous devons envoyer, en ces jours de victoire, une pensée de reconnaissance sur le front au Capitaine Minot, qui a bien voulu, pendant qu'il était à Paris faire les démarches nécessaires afin de hâter les formalités pour que cette nomination paraisse de suite à l'officiel.

Que de rubans donnés n'ont aucune valeur, car ils sont obtenus par l'intrigue sans mérites véritables !

Celui-ci représente 34 années ininterrompues d'une vie honorable et de travail consciencieusement rempli, sans un instant de faiblesse, ni d'oubli.

Tous ceux qui vous connaissent et dont vous avez l'estime, se réjouissent de cette distinction si bien méritée et se joignent à moi pour vous offrir leurs plus sincères et cordiales félicitations.

La troisième allocution est postérieure aux deux autres. Vous savez, je vous l'ai raconté dans mes précédentes lettres, (dire qu'il y a plus de trois ans que nous causons ensemble de loin !) parmi mes œuvres de guerre, se trouvent :

La Société de *l'Art pour nos blessés,* que j'ai fondée pour distraire, dans les ambulances, les malades, blessés et convalescents.

Le Foyer du Soldat du Grand Palais dont je m'occupe particulièrement.

C'est dans une de ces réunions ayant lieu toutes les semaines dans ce foyer, que mercredi dernier j'ai résumé mes impressions sur ce qui ce passait.

Ce que j'ai dit à vos camarades je ne puis que vous le répéter car c'est la juste expression de ma pensée ;

26ᴱ ALLOCUTION

prononcée au Grand Palais par M. L. Delamarre
Président de la Société

« L'ART POUR NOS BLESSÉS »

Mes chers Amis,

En prenant la parole au Foyer du Grand Palais, pour la 26ᵉ fois j'éprouve la même hésitation : quel sujet choisir ? il y en a tant, car chaque jour amène des faits historiques qui seront conservés dans les fastes de la France, comme chez nos alliés. Je vais passer en Revue les évènements qui sont d'une actualité immédiate.

Vous avez vu rentrer d'Allemagne, dans le Grand Palais même, les pauvres prisonniers et vous avez jugé par vous-mêmes dans quel état de maigreur, de misère ils étaient; ils nous ont raconté leurs souffrances, leur privations, les traitements cruels, inhumains qu'ils avaient subis.

Un journal hier faisait paraître des photographies où la cruauté se joignait à la lâcheté : n'est-ce pas être lâche que de se moquer des malheureux qui, dans l'impossibilité de se défendre, sont en votre pouvoir ?

A côté d'hommes, véritables cadavres à peine vivants ayant une redingote noire en haillons, coiffés d'un chapeau à haute-forme, il y avait l'infortuné mineur resté *3 ans* sous terre dont les sourcis couvraient les yeux et dont le regard ne pouvait plus supporter la lumière du jour ; d'autres furent enterrés vifs à moitié du corps ou suspendus par les bras, etc...

Cet Ersberger dont je vous ai déjà parlé, ayant, en 1915 *écrit* des phrases telles que celles-ci.

« Pas d'humanité pour les vaincus !

« Malheur aux Vaincus !

actuellement négociateur de la paix, vient hier de publier la déclaration suivante :

« Aucun pays n'a fait autant au point de vue moral et au point de vue matériel pour les prisonniers que l'Allemagne » on n'a jamais dépassé autant les bornes de l'infamie et du mensonge. Aujourd'hui encore, Guillaume se promène dans son fromage de Hollande ! Il est luxueusement installé, donne des diners à une véritable cour et de nombreux autos viennent chaque jour apporter les nouvelles et prendre les ordres de l'impérial bandit.

Va-t-on enfin le débusquer, l'extrader, le livrer à la justice, car il est condamné par les tribunaux de l'Angleterre pour des crimes de droit commun. Notre ministre de la guerre a consulté à Paris les plus éminents jurisconsultes de la faculté de droit qui ont conclu que « l'extradition de Guillaume était conforme au *droit international* ».

N'oublions pas que Napoléon III fût fait prisonnier, et que Napoléon premier, qui avait promené ses armées victorieuses à travers le monde sans commettre les forfaits de Guillaume, est mort solitaire sur son rocher de Ste Hélène.

Qu'on se saisisse de ce monstre, c'est bien, mais ce ne sera qu'une *satisfaction morale ;* l'Allemagne n'en sera pas changée pour cela ; qu'il soit en Monarchie ou en République, le Boche sera toujours le Boche ; les grands chefs socialistes n'ont-ils pas été aux côtés de leur Empereur les plus fervents apôtres de la guerre abominable qu'il nous ont faite ; ont-ils seulement élevé la voix une fois pour parler de la fraternité et arrêter les tueries de soldats ou les massacres d'innocentes victimes ? L'Allemagne est et sera toujours le pays de l'orgueil et de la domination. Je le répète si nous ne profitons pas de l'occasion qui nous est offerte de briser *l'union* de tous ces petits Royaumes qui forment

un empire puissant, dans peu d'années tout sera à recommencer ;
ils ne supporteront pas leur défaite et déjà leur journaux pro-
clament que Metz et Strasbourg sont à nous pour peu de temps.
Le départ de Guillaume n'est qu'une comédie ; tous les fonctionnaires sont restés en place. Hindenburg est à la tête de l'armée,
ils peuvent se diviser en politique, mais ils formeront bloc contre
l'ennemi commun *la France* qui leur fit subir une humiliante
défaite.

Vous connaissez la belle affiche de l'emprunt représentant
« le Poilu étouffant l'aigle noir dans ses mains vigoureuses ».
Nous ne voulons pas de la chair de l'oiseau carnassier, ni même
nous parer de ses plumes, mais il faut lui couper les serres et
lui enlever son bec crochu habitué à vivre dans le sang, pour
qu'à l'avenir il ne nous nuise pas.

Est-ce que cet aigle ne serait pas plutôt un vautour ?

Ils font « Kamarades ! » mais vous connaissez mieux leurs
habitudes que moi ; c'est au moment où vous êtes confiants près
d'eux, après les avoir désarmés que traitreusement ils vous
plantent un couteau dans le dos.

Vous devez être fixés sur le caractère allemand ou vous
ne le serez jamais.

En 1870, car j'ai connu ce temps, on chantait les couplets
dans lesquels un ouvrier parisien, blessé à la guerre exprimait
sa désillusion ; il racontait que croyant tous les hommes frères
il avait ouvert les bras aux prolétaires allemands. Il était obligé
de constater que ces frères n'étaient que des fauves cachant sous
de menteuses paroles leur volonté de les dominer et de ruiner
leurs moyens d'existences.

Au même moment et exprimant les mêmes pensées le
grand poète Sully-Prudhomme, composait une belle pièce de
vers, écrite comme la chanson de l'ouvrier en 1870 ; et où se
trouvait le passage suivant :

> « Je m'écriais avec Schiller :
> « Je suis un citoyen du monde ;
> « En tous lieux où la vie abonde,
> « Le ciel m'est doux et l'homme cher...
> « Mais de mes tendresses nouvelles
> « Je me suis enfin repenti...
> « Ces tendresses, je les ramène
> « Étroitement sur mon pays,
> « Sur les hommes que j'ai trahis
> « Par amour de l'espèce humaine.

On croit rêver, après l'expérience si cruelle de 1870, en voyant que des ouvriers aient pu croire un Jaurès qui leur disait à la veille de la guerre : « Il n'y aura pas de guerre, car le jour où l'empereur la déclarerait 2 millions de socialistes allemands se lèveraient pour l'empêcher ! »

Il y a encore des députés socialistes pour reprendre la chanson de la « fraternité avec les Boches » et des hommes pour les écouter, les suivre les croyant les « Amis du Peuple ».

Nos soldats devraient savoir cependant ce que leur a coûté une guerre commencée au milieu de l'épanouissement des idées pacifistes répandues par les amis des Allemands !

Clémenceau qui a toujours eu le mot juste pendant cette guerre a prononcé ces paroles dans un discours à la chambre des députés : « Il faut être humanitaire, mais Français d'abord ».

Garantissons notre avenir et celui de nos enfants par une paix sérieuse reposant sur « *la ruine de la puissance allemande en temps que peuple* » et ayant comme base « *les conditions qu'ils voulaient nous imposer et les raparations en plus* » est-ce trop demander !

Nous avons la *Victoire*, vous l'avez bien gagnée : la *Paix* est l'œuvre de demain.

Aujourd'hui réjouissons-nous avec nos frères revenus dans le sein de la Mère Patrie, de l'entrée triomphale de nos armées en Alsace-Lorraine. Vous savez comment nos beaux départements nous ont été arrachés en 1871.

« Nous voulons les clefs de la maison » avait ordonné Bismarck à Ferrières à Jules Favre : celui-ci qui s'était fait applaudir à la chambre des députés, après avoir proclamé la République, en déclarant qu'il n'abandonnerait « ni un pouce de notre territoire ni une pierre de notre forteresse » paroles d'avocat, qui plaisent au peuple français aimant les mots, ce qui ne l'empêcha pas de donner aux Allemands 15 mille kilm. carrés du sol de la France, riches en industries, en mines, en forêts, etc. et 2 millions d'habitants.

« La Force prime le Droit » avait coutume de dire le ministre allemand. Ses successeurs en 1914-15-16-17-18 se sont chargés d'appliquer cette doctrine.

Il restait à nationaliser allemandes ces provinces ; procédant avec leur fourberie habituelle, les institutions Françaises furent respectées, et mille moyens de corruption mis en jeu pour gagner les habitants, sans grand succès ; 3 ans après, le serment à l'empereur fut exigé des fonctionnaires, il y eut de nombreuses démissions, 8 magistrats sur 200 restèrent à leur poste.

Quand il fallut opter entre la France et l'Allemagne ce fut une émigration en masse : 50.000 hectares furent abandonnés dans la province de Constantine aux cultivateurs et ouvriers émigrés où ils créèrent 30 villages actuellement florissants.

Le parti français triomphait en grande majorité aux élections qui ne comportaient pas moins de 40 députés ; nous en connaissons un à Paris des plus brillants et des plus patriotes dans l'abbé Wetterlé.

La famille française accueille à bras ouverts ces enfants perdus pendant près de 50 années.

« Pensons y toujours, n'en parlons jamais » tel avait été le mot d'ordre du patriote Déroulède dont les cendres reposeront bientôt dans ce pays qu'il avait tant aimé.

Il faut croire que les vieux avaient continué à penser à la patrie perdue, comme le poète patriote le leur avait conseillé, car pendant que les jeunes chantaient, dansaient, eux pleuraient de joie : ils manifestaient leur bonheur en embrassant nos soldats « Je suis trop embrassé par les vieux et les vieilles » écrivait un brave garçon attaché à ma maison pendant de longues années !

Il n'a pas ajouté qu'il avait de larges compensations apportées par les jolies Alsaciennes, car il est marié.

Ce furent des entrées triomphales dans les villes de nos chères provinces libérées ; nos soldats marchaient sur et sous des fleurs et les rues étaient pavoisées aux couleurs Françaises et Alsaciennes ; les jeunes filles offraient des bouquets, montaient sur les canons et les caissons qui disparaissaient sous des gerbes de femmes et des fleurs. Une immense acclamation de « Vive la France » montait de tous les cœurs.

M. Renaudel le député socialiste qui déclare ignorer ce que c'est que « la Patrie » aurait pu, au milieu de ces populations fidèles, apprendre à connaître ce sentiment.

Nos soldats, vos braves camarades sont bien heureux ; ils me l'écrivent et refusent les permissions pour jouir de leur triomphe qui est le vôtre.

Unissons-nous par le cœur aux vivats qui retentissent à Metz, Colmar et Strasbourg sur le passage des armées de Foch, Pétain, Gouraud, Castelnau etc... et je viens vous demander en terminant de battre un double ban en l'honneur de

" L'ALSACE-LORRAINE "

Rendues à la France

Les jours se suivent et amènent des événements et des fêtes.

Hier c'était l'entrée du roi d'Angleterre puis arriva Albert 1er de Belgique de qui le député socialiste de Bruges a dit « Nous sommes contents de vous » et après-demain le Président Wilson chef de la belle nation Américaine de laquelle nous devrions prendre des leçons de « liberté ».

Je connaissais Georges V, ayant eu l'honneur de le recevoir avec des membres d'un Conseil d'Administration dont je fais partie : hier je l'ai vu arriver, accompagné de ses deux fils le Prince de Galles et Albert, au moment où ils entraient à l'Élysée.

J'étais perdu dans la foule et j'ai pu juger avec quel cœur, quelle chaleur et quelle dignité Paris a rendu hommage à notre allié fidèle dont l'amitié a su demeurer attachée à notre fortune pendant cette longue guerre, malgré les offres faites par l'ennemi pour le détacher de nous, malgré les heures cruelles où nous pouvions douter du succès complet.

Cependant le 1er Août 1914 aucun traité d'alliance n'avait été signé par nous avec la Grande Bretagne ; depuis des années il était question de *l'amitié Anglaise*, mais c'était tout ; quand la déloyale entrée des Allemands en Belgique, considérant des traités sacrés de « chiffon de papier » montra au peuple Anglais son devoir et son intérêt.

La « misérable petite armée » de Douglas Haig, pendant que nous résistions à l'invasion dans les tranchées de l'Yser de la Somme et de Champagne, devint formidable par des levées de classes et des enrôlements volontaires ; ce furent des soldats flegmatiques, tenaces., héroïques.

« Sire a dit Poincaré au Roi, dans son discours, la France est incapable d'oubli ; elle se rappellera toujours les grands services rendus par l'Angleterre à la cause commune... »

Cette pensée était bien celle de la population parisienne qui acclamait les souverains sur leur passage.

Au moment de quitter Paris le Roi Georges qui est aussi simple que timide, disait à un de ses amis Français : « Ma corvée est finie, mais je suis enchanté de la réception que m'ont faite les Français ».

Nous avons également acclamé avec joie Wilson le Président de la grande République Américaine. Le Roi d'Italie qui a su abandonner l'Allemagne, redevenir notre Allié, nous rendre un immense service en immobilisant l'armee autrichienne loin de notre front.

Nous attendons maintenant avec impatience l'ouverture du congrès de la paix, j'écris enfin impatience, car il semble qu'à tous les points de vue, la discussion aurait dû avoir lieu plus près de l'armistice.

Les Allemands ont trop le temps de travailler dans leurs intérêts ; il surgit des prétentions extraordinaires, telle que celle des socialistes faisant partie de la C. G. Q., dont le grand mérite a été de rester à gagner 25 fr. par jour pendant que les autres se faisaient tuer, de prétendre y prendre part ; s'il en était ainsi pourquoi les Paysans, les Soldats, les Prêtres, les Fonctionnaires n'auraient-ils pas le même droit que ceux qui veulent chambarder la Société... à leur profit.

Nous avons un gouvernement élu par le suffrage universel, c'est lui qui a la confiance du pays... qu'il la mérite.

La victoire militaire est gagnée il nous faut aussi la victoire diplomatique ; l'immensité des dépenses et des ruines, comme l'importance des intérêts engagés rendront les séances longues et les discussions compliquées.

Le discours très net de Loyd George disant « La paix devra être inexorablement juste et l'Allemagne devra payer tous les frais de la guerre ». Nous ne demandons pas autre chose et... qu'elle ne recommence pas.

Les Allemands sont des maîtres en fourberies et dans l'art de brouiller les cartes pour en tirer profit ; les Alliés devront veiller et avoir la main ferme.

On me dit que Clémenceau doit présider les premières conférences de la paix et qu'il part pour l'Angleterre pour en arrêter les grandes lignes avec Lloyd George et Wilson.

Ce qu'il a fait depuis un an doit nous donner confiance.

A Paris il y a un mouvement énorme, les hôtels sont pleins, les étrangers couchent dans des fauteuils et paient 25 fr. pour la nuit, on ne trouve pas de voitures, tout est hors de prix ; il faudra une année au moins pour que la vie normale reprenne.

Ce sera encore bien autre chose quand la paix signée, vous reviendrez pour passer sous l'Arc de Triomphe !

Que cette lettre vous porte une pensée du pays en même temps que mon affectueux souvenir, avec mes meilleurs vœux de Noël et du Jour de l'An.

L. DELAMARRE.

PARIS, IMP. A. RASQUIN, T. R. DES STS-PÈRES.

www.ingramcontent.com/pod-product-compliance
Lightning Source LLC
Chambersburg PA
CBHW061101080726
47596CB00010B/2651